AF339651

LES
Républicains Autoritaires

PAR

C.-H. AUBRAY,

PRIX : 35 CENTIMES

ALAIS

Imprimerie de l'Union Républicaine

—

1882

LES
Républicains Autoritaires

PAR

C.-H. AUBRAY

ALAIS

Imprimerie de l'Union Républicaine

—

1882

RÉPUBLICAINS AUTORITAIRES

Il semble, à considérer les derniers événements politiques dont la chute du cabinet Gambetta a été le terme le plus saillant, que nous n'avons point d'horizon politique bien défini. Nous trébuchons constamment sur les principes dont l'application s'éloigne tous les jours de nos yeux, et même quand les réformes que l'opinion générale du pays commande de réaliser, se présentent à la décision de nos législateurs, n'est-il pas visible que des difficultés, jusqu'alors inconnues, surgissent pour éloigner leur réalisation?

Bien que les différents partis politiques qui, depuis dix ans ont successivement représenté le pouvoir, aient eu leur programme, nous ne voyons pas qu'ils aient beaucoup réalisé, des promesses faites à ceux qui les élevaient.

Chose étrange, chaque fois qu'un homme de gouvernement s'est vu dans la nécessité d'aborder les réformes publiques, soutenues et défendues par lui, il ne l'a pas fait, sans en modifier profondément ce qui pouvait en paraître la hardiesse. Toujours il prétexte les difficultés de l'application, la nécessité d'arriver par le moyen des améliorations progressives.

C'est là ce qu'on appelle l'opportunisme ; c'est aussi ce qui fait qu'avec toutes les lois des régimes déchus, s'est conservé le principe de l'autoritarisme. Nous n'avons pas fait un pas dans notre éducation politique. Tant que la République à eu à lutter contre les forces réunies de ses ennemis, ses principes ont seuls conduit les républicains dans la voie désirable : alors il fallait vaincre. Mais est-ce à dire que le triomphe dût faire oublier à ceux qui ont été nos guides politiques, que les moyens de gouvernement employés par les réactions vaincues, devaient être bannis par un gouvernement républicain ? Celui-ci, qui tient son origine d'un principe fondamental, la liberté, peut-il être véritablement digne de ce nom s'il n'exclue point toutes les hérésies ou toutes les difformités des autres sortes de gouvernement ? La véritable sagesse ne réside point à modifier, selon les circonstances, les conditions admises jadis et exprimées d'une foi politique, mais bien surtout à les maintenir dans leur intégrité.

Peut-il y avoir, en effet, quelque chose de louable dans l'acte de renoncement d'un homme politique à ses croyances passées ? Est-il possible d'accorder à cet homme la même confiance que devant et de ne pas reconnaître chez lui l'existence de nouvelles influences dominantes ? Certes, les exemples seraient nombreux de ceux qui formant ainsi une école politique, ont abandonné ou fait subir de nombreuses transformations à leurs croyances passées. Chez tous cependant, s'est introduit un sentiment nouveau. S'ils sont au pouvoir, vous les voyez s'exercer à manifester leur puissance de fraîche date, par toutes sortes d'actes dont, auparavant, ils ne cessaient de critiquer et de blâmer l'exercice. Ils se prennent au sérieux. Autant ils étaient acharnés, sous l'empire, à combattre l'ennemi de toutes les libertés, l'immoral empereur de décembre, avec autant d'acharnement maintenant ils défendent le système qui les fait vivre : l'autoritarisme.

Sous le prétexte de rendre la République plus forte, ils cherchent par toutes sortes de proscriptions, néanmoins la plupart sans effet, à la débarrasser de ceux qu'ils considèrent comme ses pires ennemis.

Mais où les trouvent-ils ces ennemis ? Pensez-vous que ce soit toujours dans les congrégations et les ordres plus ou moins religieux que les décrets du 29 mars ont prétendu chasser. — Non, certainement. Pour l'opportunisme, qui n'accepte de supériorité d'aucune sorte, l'ennemi de la République aujourd'hui, est celui qui ne s'est point attaché à son char ; c'est l'homme, qui trouvant dans nos institutions de véritables anachronismes et voit dans la République un gouvernement dont le principe fondamental est la liberté, veut préparer l'avénement d'un régime politique où la liberté présidera aux relations des citoyens entr'eux.

Sur ce sujet, toutes les résistances qu'ont rencontrées les esprits novateurs et généreux, toutes les fois que ceux-ci ont voulu introduire, soit dans nos mœurs, soit dans nos lois, les réformes dues et depuis si longtemps attendues, n'ont pas seulement servi aux réactions pour retarder les progrès de l'esprit moderne, mais elles ont encore été le piège, tendu inconsciemment, il est vrai, auquel n'ont pas su se dérober les indécis, ceux qu'on appelle des modérés, et qui reconnaissent en eux-mêmes l'étoffe d'hommes de gouvernement.

Oui, c'est bien là le mobile qui dirige seul ces adorateurs du progrès lent et sûr. Ils sont satisfaits maintenant d'être arrivés au pouvoir, et ils vous disent : Nous avons combattu, sous l'empire, ce qui indique que nos convictions datent de loin, nous possédons encore le programme que nous avons défendu jadis avec ardeur ; donc nous sommes des républicains. Plaisante affirmation ! Oui, vous avez défendu un programme, alors qu'il y avait du danger à s'élever contre l'homme de décembre, mais qu'en avez-vous fait aujourd'hui. Pensez-vous que la situation dominante que vous possédez maintenant doive être considérée par nous, comme la juste récompense de votre dévouement passé.

A ce compte, croyons-nous, on les rencontrerait nombreux les dévouements à ce point désintéressés, (il est vrai qu'on en découvre tous les jours), mais est-il possible de croire que parce que nous avons des hommes, ennemis des Bonaparte, ennemis de la royauté constitutionnelle ou de droit divin, ennemis enfin de tout ce qui est l'ennemi de la République, nous n'avons pas autre chose aussi à demander. Vraiment, nos républicains de gouvernement comptent sur une bien grande naïveté de la part des républicains dont ils veulent escompter la foi, et qui n'ont jamais espéré du gouvernement de leurs rêves, pas autre chose qu'un peu plus de liberté, et surtout la mise en pratique des propositions acceptées de tous. Leurs illusions sont grandes, et voyez ! ce ne sont point seulement les dominateurs d'aujourd'hui et qui, étant les guides ou les directeurs du parti opportuniste, font reposer sur leur passé de luttes contre la tyrannie l'édifice de leur fortune actuelle, ce ne sont point ces républicains-là seulement qui blâment les ardeurs des radicaux et des intransigeants, mais il en est d'autres encore, nouveaux venus et point du tout désintéressés dans la politique républicaine, qui viennent joindre le concert de leurs imprécations de néophytes aux menaces du parti au pouvoir.

C'est dans ce fait que nous voyons une chose douloureuse. Oui, ces néo-républicains, qui dans l'incertitude où ils étaient il y a quelques années encore, de savoir quel parti devait plutôt triompher, et par suite, a quel parti ils pouvaient sans danger, et avec l'espérance d'avantages positifs à recueillir, donner l'appui de leur personnalité politique, ces républicains de la dernière heure, disons-nous, se montrent aujourd'hui les plus acharnés dans la proscription. Non contents d'occuper, sans le moindre scrupule, les postes que la République ne devrait confier qu'à ses vieux et sûrs défenseurs, ils montrent envers ceux-ci cette intolérance que M. de Cassagnac n'a pas craint de faire entrer dans son programme et de revendiquer comme le principe du césarisme qu'il défend.

Mais ce ne sont point là les seules et déplorables conséquences de l'autoritarisme gouvernemental ; il en est d'autres encore qu'il est tout aussi nécessaire de combattre et qui peuvent être funestes. C'est la tendance inévitable à se mettre sous l'égide d'une personnalité quelconque. Prendre un maître, c'est accepter sa domination sans recours possible et lui faire l'abandon de convictions jusqu'alors indépendantes.

Oui, sans doute, il n'est pas d'acte plus dangereux pour un parti que de confier sans réserves sa direction et son sort à un homme qui, on peut bien l'admettre, ne trahira pas ce parti, mais qui ne saura toujours résister aux fluctuations de ses propres opinions. Ces dernières, n'a-t-on pas eu occasion de le constater souvent, suivent d'ailleurs, et presque toujours, un retour vers le passé. Cela est-il un résultat des difficultés dans l'application des réformes que l'approche du pouvoir permet de mieux apprécier. On l'admet assez volontiers, mais ne peut-on croire aussi que ce résultat s'obtient avec l'insuffisance des aptitudes, l'insuffisance dans l'énergie de ceux chargés de la résolution des problèmes qui s'offrent à eux, sans compter les influences ignorées ?

Montesquieu dit que lorsque dans une république, un citoyen se fait donner un pouvoir considérable, l'abus de ce pouvoir est plus grand que dans une monarchie. Et cela est vrai. Le régime constitutionnel, en effet, établit des barrières à l'autorité du monarque. Dans ce régime, auquel les lois se sont accommodées, tout arbitraire, toute prétention à une augmentation de la puissance supérieure du roi, venant de ce roi même, ne peuvent exister sans danger pour ce dernier. C'est que le souverain a devant lui un pouvoir rival de son autorité propre, et duquel le plus souvent il dépend entièrement. C'est ainsi que certaines monarchies ne doivent leur existence qu'à la tolérance intéressée des chefs de parti. — Aussi, malgré la base monarchique conventionnelle (qui sans conteste est un terme moins avancé que la démocratie de progrès politique), voyons-nous dans ces pays régner bien des libertés, des lois justes établies et respectées ; en un mot, nous y trouvons ce que le même Montesquieu appelle des vertus politiques.

Eh bien ! quand une République nouvelle qui doit en partie son existence à des circonstances imprévues, telles que celles, par exemple, qui ont été l'origine de la nôtre, vient s'implanter dans une nation et présider à sa destinée ; n'est-il pas nécessaire que certains actes initiaux viennent donner à cette République une démocratie qui sache résister aux défauts de son éducation politique, encore incomplète ?

En vérité, il faut avouer que la question est bien ardue, car outre que ces actes doivent assez brusquement montrer à la nation que tout retour vers le passé est impossible, qu'il n'est pas désirable, et que les chefs de la politique républicaine sont décidés à le prévenir, ils ne doivent pas aussi pénétrer trop violemment dans l'esprit des masses, encore attachées à certaines erreurs de ce passé.

Jusqu'ici ce dernier sentiment a guidé les hommes politiques qui nous ont gouverné. Certains ont eu peur de l'entraînement. D'autres n'ont jamais su discerner dans les diverses manifestations de l'opinion du pays, la mesure des revendications dont celui-ci demandait la satisfaction. — Mais il en est aussi, qui ont fort bien, trop bien compris la situation politique qu'ils dominaient ; et quand ceux-là ont résisté, menacé, violenté même la nation, comme aux 24 mai 1873 et 16 mai 1877, c'est qu'ils n'avaient d'autre but que le renversement même de la République. L'énergie que les républicains n'ont pas su avoir quand l'énergie était nécessaire à l'affermissement et à la défense du régime démocratique, les réactionnaires l'ont employée pour son renversement.

Cependant, tous sont tombés devant le sentiment populaire mécontent ou l'indignation des partis. N'est-ce point là la marque exacte des défauts du régime actuel, tel que les modérés ont voulu le conserver ?

Nous ne craignons pas de le dire ; il est bien difficile de constater quel moment est favorable à l'introduction de telle ou telle réforme dans les lois créées par les derniers gouvernements et qui ne sont plus d'accord avec les principes démocratiques. Mais est-ce à dire que ces réformes ne puissent pas même être discutées.

L'opinion n'est pas préparée, nous dit-on,

toutes les fois qu'il s'agit d'octroyer au pays
une de ces satisfactions aux vœux si souvent
répétés par lui. — Mais qu'en savent-ils ces
clairvoyants de la politique ? Croient-ils leur
jugement infaillible ? — Pour nous, les désintéressés, qui les voyons agir et savons combien
leurs vues s'harmonisent peu avec celles du
pays, nous leur répondons qu'ils sont eux-
mêmes les retardataires, trop confiants en leur
propre sagesse.

L'opportunisme, en ne considérant de sé-
rieuses que les transformations qui viennent à
leur tour, ainsi qu'il les appelle, et en empê-
chant les améliorations dont la réalisation ne
pouvait engager la vitalité de la nation, a non-
seulement découragé bien des républicains, et
fait perdre ainsi une partie de la force que nos
institutions doivent posséder, mais il a rendu
aussi inévitable la domination, occulte ou non,
d'un seul homme. — Que cet homme ait une
moralité politique impuissante contre certaines
faiblesses, dont les hommes de gouvernement,
croyons-nous, sont moins exempts que tous
autres ; qu'il puise sa force dans son scepti-
cisme ; et voilà que notre démocratie, inexpé-
rimentée encore, point du tout façonnée aux
mœurs et aux choses qui peuvent montrer sa
réalité, perd sa voie. Elle s'abandonne, si cet
homme a de grands talents, à la supériorité
que ces talents ont fondée.

M. Gambetta, qui a représenté cette situation,
n'a pas seulement profité de la confiance que
le pays avait en lui, mais il s'est encore servi
de cette confiance pour établir sa dictature, car

c'est bien la dictature qu'il a toujours pour-
suivie, et dont ses dernières fautes politiques
nous ont éloignée, espérons-le, pour toujours.

Il a choisi, en effet, ses fonctionnaires. Il a
compris ce que tous les gouvernements passés
ont apprécié eux-mêmes ; qu'il fallait pouvoir
trouver dans l'administration un auxiliaire. —
Et certes nous n'ignorons pas combien cet auxiliaire est puissant. Dans tous les termes de
la hiérarchie administrative, M. Gambetta a
ses créatures. Il en impose aux humbles par
ses talents et par l'espèce d'auréole dont ses
amis ont su l'entourer. — Les sceptiques, les
intéressés attendent de lui d'être encore élevés.
Il abuse de la foi et de la naïveté des premiers.
Il sait répondre, quand il le faut aux désirs des
seconds.

Les projets césariens de M. Gambetta se
sont appuyés toujours sur les revendications
même de la démocratie. Quand la réaction a
eu le pouvoir dans ses mains, le parti républicain tout entier a compris que la réunion de
ses forces était seule capable de la combattre
et il a confié sa direction politique à M. Gambetta. — Tant que l'opposition a été nécessaire,
rien n'a montré que les dispositions de son
chef pouvaient changer avec la victoire. C'est
ce qui a eu lieu cependant. Nous avons vu M.
Gambetta au pouvoir, à l'exercice duquel il
s'est dérobé tant que cela lui a été possible, et
il n'a rien fait pour répondre aux espérances
de la démocratie.

Nous l'avons vu nommer aux postes les plus
importants de certains ministères, des hommes

qui jusqu'alors n'avaient point caché l'anti-
pathie que leur inspirait le régime républicain
et l'espoir scandaleux de sa disparition. — De
concert avec des ministres bien choisis, par-
faitement accomodés à sa politique, il a rédigé
des projets de loi, qu'il a eu d'ailleurs soin de
ne nous montrer qu'après son renversement du
pouvoir. Ceci est non-seulement un indice cu-
rieux des particularités attachées à cette politique suivie avec tant de persévérance, mais il
semble aussi que M. Gambetta a cru inaltérable
l'espèce d'admiration et la confiance qu'il a
inspirées à la majorité républicaine. En cela,
il s'est bien abusé, et quel que soit dans l'avenir le rôle qu'il pourra jouer encore vis-à-vis
de la représentation nationale, il est permis de
croire que ses projets, qui n'ont pu obtenir la
sanction législative, (et celle-ci peut-être ne
lui eût pas fait défaut sans ses dernières fautes
politiques), resteront toujours dans les mains
de ceux qui les ont préparés.

N'y eut-il pas eu même, vis-à-vis des autoritaires gambettistes, cette défiance qu'ils n'ont
pas su éloigner tout d'abord, avant que le fonds
de leur politique fût clairement indiqué, que
les derniers projets présentés à la Chambre
nous eussent éclairé sur leurs dispositions véritables.

En effet, quel esprit domine surtout dans ces
projets dont la rédaction perfide prétend recueillir les adhésions de la démocratie ? Nous
n'y voyons pas du tout l'esprit libéral qui devrait guider ceux qui se disent les dépositaires
de la pensée démocratique et égalitaire, car

enfin, pourquoi dans le projet de loi, par exemple, de M. Waldeck-Rousseau sur les associations, apercevons-nous des restrictions pour quelques-uns, des réglements d'exception d'après lesquels certaines catégories de citoyens verront leur liberté, non pas même entravée, mais supprimée entièrement ? — Au surplus, — comme nous allons le voir, il n'existe aucune franchise dans ces textes dont l'arrière-pensée est d'établir un obstacle à l'agrandissement du pouvoir populaire, et au contraire d'affranchir le pouvoir délégué des ministres de toute ingérence qui pourrait choquer ce qu'ils appellent leur liberté d'action.

Et même lorsqu'ils empruntent aux hommes, qui jusqu'ici, suivant, mais logiquement, leurs doctrines anti-démocratiques, ont été les adversaires de la liberté, ils ne laissent pas que d'introduire certaines indications, qui peuvent tout aussi bien, le cas échéant, se retourner contre nous. — Qu'est-ce que l'objet illicite, suivant ce projet de M. Waldeck-Rousseau ? — Il déclare illicite, « toute renonciation partielle ou totale au libre exercice des droits attachés à la personne, ou toute subordination de cet exercice à l'autorité d'un tiers ».

Ceci à la prétention d'être clair, et quoique rien en général ne soit démonstratif comme un acte dont le but n'est point caché, pour nous, la démonstration s'éloigne en cette occasion.

Voilà un projet, dont sans conteste les articles d'exception visent seulement les congrégations religieuses : eh bien ! que la réaction arrive au pouvoir, et nous verrons employer ces articles par elle ou par les tribunaux, s'il est nécessaire, comme lois restrictives de la liberté des simples citoyens, de ceux qui précisément devaient être préservés.

Est-ce que vraiment toute association d'individus n'a pas pour conséquence forcée « la renonciation partielle ou totale au libre exercice des droits attachés à la personne ou la subordination de cet exercice à l'autorité d'un tiers. — Si je veux m'associer avec Pierre et Paul pour une entreprise quelconque, dans un but indiqué, est-ce que chacun de nous ne donnera pas à l'association, une partie de son temps, de son argent, et même de son indépendance s'il est nécessaire ? — Et de plus, si, confiants en la sagesse ou l'expérience de l'un des co-associés, les autres membres de l'association croient utiles dans l'intérêt général de lui donner la direction de l'entreprise, n'est-il pas juste de reconnaître qu'ils agissent en vertu d'un droit véritable, et que méconnaître ce droit, c'est attenter à la liberté de ceux qui prétendent l'exercer.

Nous ne savons si les promoteurs des lois dont nous parlons ont eu la pensée de laisser dans leurs textes, avec l'équivoque perfide, la porte ouverte aux interprétations les plus opposées; toujours est-il que dans le but déclaré, et dont ils se glorifient, (vraiment sans trop de raison) de revendiquer pour la société civile tous les droits et toutes les libertés, ils la mettent dans le danger de retrouver le despotisme des gouvernements passés.

Et encore, pour revenir à ce projet bizarre

d'association, est-il bien certain que les congrégations menacées ne pourront plus subsister, l'adoption de ce projet de loi étant un fait accompli. Nous ne croyons pas le moins du monde que cela puisse être. — En effet, puisque c'est l'aliénation partielle ou totale à un individu, de la liberté et des droits d'autres individus qui choque les idées d'indépendance du ministre déchu, qui peut s'opposer à ce fait que certaines congrégations pourront établir, savoir : l'absence dans l'association formée par eux de tout directeur temporel, élevé hiérarchiquement au-dessus des autres membres de l'association. Et si les tribunaux sont appelés à juger la légalité d'une disposition de ce genre, n'est-il pas évident que rien dans le texte de la loi, ne peut exiger sa condamnation.

Oui, à l'interprétation arbitraire de la loi, voilà où nous conduiraient infailliblement les doctrines et les fantaisies légifératrices de ministres autoritaires, s'ils revenaient au pouvoir.

Si nous rapportons ici une des idées contenues dans le programme de l'autoritarisme politique, c'est surtout pour montrer dans quelle dangereuse voie nous conduiraient sans rémission l'adoption des divers objets de ce programme. — *La République Française* n'a pas craint de nous le définir. — Elle veut que l'Etat soit puissamment organisé. — Très-bien, nous le voulons aussi ; mais nous voulons que cette organisation ait surtout pour but la défense de l'Etat contre ses ennemis extérieurs, et non celui d'empêcher des catégories entières de citoyens de prendre leur part des choses pu-

bliques, de restreindre la liberté individuelle
et d'arrêter son développement. Les hommes
de la faction gambettiste se disent les exécu-
teurs de la loi positiviste. — Voilà le mot. Po-
sitivistes, nous le sommes aussi, et cependant
nous ne comprenons point que la société la
plus parfaite est celle où le gouvernement a pu
s'armer de la plus grande autorité, où les fonc-
tions distinctes, ainsi que le dit Auguste Comte
seront, beaucoup plus qu'elles ne le sont maintenant, soumises à une réglementation pu-
blique, — où la hiérarchie, fortement organisée
et armée d'une autorité reconnue, dirigera
toute chose, — où la vie individuelle sera subordonnée en grande partie à la vie sociale.

Certes nous admettons bien que ce système
politique peut être la sauvegarde à un moment
donné, d'un pouvoir que les idées nouvelles
reconnaissent comme vermoulu. Ainsi, M. de
Bismarck, qui lui aussi, a son positivisme, et
est même socialiste, (à sa façon il est vrai),
n'a-t-il pas entrepris de le faire adopter comme
moteur de la vie allemande ? Qu'il réussisse, il
est dans son rôle en cherchant pour son maître
le moyen d'arrêter l'ouragan révolutionnaire
qui déjà se forme, menaçant, pour renverser
cet édifice allemand si patiemment construit.
Mais, est-ce à son exemple, que nous devons
choisir l'arme plus ou moins puissante, qui
pourra nous défendre des ennemis de notre
nation ?

Non, il n'est pas vrai que notre République
puisse subsister, si on l'établit sur le modèle
de l'empire allemand, car nous ne pourrions y

voir qu'une image, plus nette, c'est vrai, mais aussi plus expressive et par là plus douloureuse, de l'autoritarisme contre lequel nous avons déjà si longtemps lutté.

Les opportunistes, maintenant, ne sont plus vis-à-vis des radicaux, ces tergiversateurs de principes qui se sont opposés à une marche progressive du pays vers le régime démocratique. Ils ont subi une évolution qui, a révélé en eux des vues nouvelles. Adeptes d'une école politique dont les fruits ont toujours été mauvais, ils sont devenus les sectaires d'une école philosophique qui a ses chefs et hors de laquelle, d'après ces derniers, tout n'est qu'errements et déraison.

C'est pour la réalisation pratique des conceptions abstraites de cette école que luttent aujourd'hui ces républicains, dont la patience a su toujours s'accomoder des lois subsistantes du régime impérial.

Pourront-ils dire, à présent, ce qu'ils ont dit quand il s'est agi d'obtenir l'appui indispensable du parti républicain avancé, des radicaux, qu'entre ces derniers et eux n'existent pas de divisions, ou que ces divisions ne sont qu'apparentes, car elles résident exclusivement dans la façon d'apprécier l'urgence de telle ou telle réforme. En un mot, selon eux, le programme du parti républicain est un, homogène. Nous disons, maintenant, qu'il a pu être commun, ce programme républicain, alors qu'il n'était pas encore complétement défini, alors que pour beaucoup, qui considéraient sa mise en pratique comme indéfiniment éloignée, il

était la condition obligée d'un succès populaire,
— oui, ce programme était accepté par tous, —
mais on ne peut dire aujourd'hui qu'il n'y a pas
antagonisme entre les différentes fractions du
parti républicain.

On a voulu voir en M. Gambetta la person-
nification des aspirations du peuple et l'exé-
cuteur loyal de ses volontés.

Aux dernières élections, ses amis ont vaine-
ment cherché à trouver dans ses différents
programmes, que plusieurs discours ont paru
avoir énoncés, la même idée générale qui, au
jour de l'application sérieuse et féconde, diri-
gerait ses actes. La chose était difficile, car,
certes, trouver des analogies dans le programme de Belleville, abandonné aujourd'hui,
et les tendances autoritaires du ministre du 14
novembre, c'était aller un peu loin. Aussi n'a-
t-on pas réussi dans cette œuvre ingrate. —
Néanmoins, cet effort, par son impuissance
même, a été instructif, car il a servi au moins
à nous montrer que le programme radical, tel
qu'il a été développé et accepté en 1869 et aux
dernières élections, était le seul et le véritable
programme républicain.

Oui, c'est le programme radical, dans lequel
nous plaçons la liberté comme fondement, qui
doit être, pour le moment, considéré comme
le terme à adopter et à poursuivre, de notre
évolution politique. Il pouvait, il y a quelques
années, être un danger à éviter, — on l'a dit,
et nous l'avons cru longtemps. — Mais l'expérience n'amène-t-elle pas la sagesse dans les
résolutions ? — Sommes-nous des enfants des-

tinés à jamais à recevoir l'impulsion d'en haut
et à laisser la direction de nos actions à ces
maîtres politiques, qui, en d'autres temps, se
sont déclarés nos serviteurs ?

La décentralisation administrative, l'affran-
chissement progressif de notre nation de la
tutelle gouvernementale, tel est le but vers lequel les efforts des radicaux doivent être di-
rigés. On a accordé dernièrement à la nation
une franchise sérieuse, cela est à reconnaître,
en lui donnant le droit de nommer elle-même
les maires et les adjoints dans la presque tota-
lité des communes. C'est peu en vérité, mais
c'est là la direction à suivre.

Que l'on donne aux ministres la seule fonc-
tion que leur nom indique ; que la chambre des
représentants du pays soit la seule puissance
et la seule initiatrice de nos institutions politiques, voilà ce à quoi il faut parvenir. En
nous éloignant des conceptions autoritaires du
gambettisme et de l'organisation révée par lui,
est-ce à dire que nous serons irrémédiable-
ment conduits à nous rapprocher par suite de
cet état anarchique et sans force qu'on nous a
si souvent dépeint ? — Non.

La question est renfermée maintenant toute
entière dans les doctrines absolues du despotisme gouvernemental reconnu nécessaire par
les hommes de pouvoir, qui, par le système
établi, verraient en eux seuls la nation elle-
même. — Aussi est-ce ce système qu'il faut
combattre. Et puisqu'on nous dit que l'idéal
vers lequel nous marchons est celui dans lequel le gouvernement aura acquis la puissance

la plus grande, où la hiérarchie dirigera toutes choses, où la liberté individuelle sera entièrement subordonnée à la vie sociale, nous répondons que cet idéal est peu attrayant.

Notre idéal est tout autre, à nous, et nous estimons que l'on n'a point combattu les tyrannies et les arbitraires pour qu'on vienne nous éloigner de la liberté par une protection imposée, trop lourde, car elle vient d'un maître; de l'égalité par une hiérarchie trop savamment organisée, et de la solidarité, en ne cherchant point à anéantir les passions funestes qu'engendrent les distinctions sociales.

C'est pourquoi, nous disons avec Herbert Spencer, que la société future doit être et sera celle où la justice règnera, où le gouvernement sera amoindri autant qu'il peut l'être, où la nature humaine sera, par la discipline sociale, façonnée à la vie civile de manière à rendre inutile toute répression extérieure et à laisser chacun maître de lui-même; et où le citoyen ne souffrira aucune entrave à sa liberté, excepté celle qui est nécessaire pour assurer aux autres une liberté égale.

Cette perfection attendue de la nature humaine, et que les philosophes, la science, croient possible, est-elle ce que les railleurs ignorants du moment appellent une utopie ? Combien en est-il de ces républicains qui ne voient plus dans la formule démocratique, la base de la société de l'avenir !

Hélas ! l'idéalisme des premiers jours n'existe plus. Ceux qui, à l'aurore républicaine, ont fait tous les sacrifices et se sont donnés à

la cause sainte de l'émancipation du peuple,
ont disparu, et ils ne revivent plus dans leurs
fils amoindris. A l'idéal enchanteur d'une solidarité universelle qu'une idée magique con-
tenue dans les trois mots de liberté, d'égalité
et de fraternité faisait entrevoir, a succédé le
réalisme des satisfaits politiques. Ceux-ci ne
veulent plus combattre. Pourquoi se lance-
raient-ils dans de nouvelles agitations, dans
des luttes pour eux sans but, et qu'ils osent
appeler dangereuses.

Si leurs yeux se détournent maintenant de
ce but pour lequel tous nous avons combattus,
c'est aux hommes dont le caractère viril ne
s'est point soumis, après les vaines et déce-
vantes satisfactions accordées, qu'il appartient
de rompre les derniers anneaux de la chaîne ;
c'est à ceux qui en outre des progrès politiques,
veulent voir s'accomplir les réformes sociales
dont le misérable a besoin, que doit tomber le
pouvoir générateur et bienfaisant. Leurs efforts
triomphants seront le salut.